Weitere Bücher bei VV-ESB

Der Arzt und der Spieler
Die neuzeitliche Legende einer Lebensgeschichte
erzählt vom Werdegang eines erfolgreichen
Berufsspielers.
2. Auflage ISBN: 978-3-8370-5103-2
Im guten Buchhandel oder unter www.espafit.de

Novelle Cuisine + Medizin
Der Dinkel – wertvoll und schmackhaft
(erscheint demnächst, ISBN Nr. unter⇨ www.esba.de)

Novelle Cuisine + Medizin II
Der Kürbis und sein Öl
(erscheint bald, ISBN Nr. unter ⇨ www.esba.de)

Ohne Raum & Zeit / Das siderische Pendel
ISBN 978-3-8370-8753-6

Die Jagd nach der Elfenbeinkugel
Ein Roulette Handbuch mit
Satzordnungen von Karl Neumann
(bald, ISBN Nr. unter ⇨ www.esba.de)

Tücken des Schicksals
Über die sagenumwobenen Druckplatten der
Fälscher und andere Geschichten
Im guten Buchhandel oder unter www.espafit.de
ISBN: 978-3-8370-5219-0

Haftungsausschluß

Liebe Leserin, lieber Leser,

die meisten in diesem Büchlein zusammen getragenen Rezepte entstammen dem alten Kochbüchlein von Großmutter.

Mengenangaben erscheinen manchmal etwas komisch, waren jedoch in der damaligen Zeit üblich.

Ändern Sie die Rezepte nach Ihrem Geschmack und für Ihre gewünschten Mengen um.

Wir möchten Sie darauf hinweisen, dass Sie für alles was Sie damit anfangen selber verantwortlich sind.

Wir weisen ausdrücklich darauf hin, dass weder Autor noch Herausgeber in irgendeiner Art und Weise für den Inhalt dieses Büchleins oder Dinge gleich welcher Art, die daraus abgeleitet werden, **haften.**

Nur wenn Sie damit zu 100% einverstanden sind, sollten Sie weiterlesen. Ansonsten klappen Sie das Buch einfach zu und vergessen am besten, daß es je existiert hat.

Das Vogl– Backbuch

Rezepte- Sammlung von Babette Schmidt ab 1916

Hubert Schmidt
Neue Auflage 2009 VV-ESB
Fax 09645/91341
Herstellung und Verlag:
Books on Demand GmbH
ISBN: 978-3-8370-5218-3
Norderstedt 2009

Inhaltsverzeichnis: Seiten 4, 5 + 6

Vorwort

Bei Auf- und Ausräumarbeiten auf dem Dachboden unseres Stammhauses fand sich ein alter Karton mit ziemlich brüchigem Inhalt. Außer betagten Papieren kam auch das alte Rezeptbuch von meiner Großmutter Babette Schmidt wieder zum Vorschein. Viele Blätter hatten sich bereits gelöst und das Papier ist sehr brüchig geworden. An einer Ecke hat es irgendwann einen Brandschaden erlitten.

Es wurde nun so gut als möglich versucht die alte Schrift zu entziffern um es der Nachwelt zu erhalten. Dabei halfen mein Vater und meine Tanten. Damit man sich ein Bild vom Zustand der Original- Rezepte- Sammlung machen kann, wurde bei vielen Rezepten die original Seite gegenübergestellt.
Leider konnten nicht alle Rezepte komplett überarbeitet werden, weil Teile fehlten (verbrannt oder zerbröselt).
Vogl Backbuch, weil der Hausname Vogl heißt.

Bestimmt haben sich einige Fehler eingeschlichen, für die ich mich bereits im Vorfeld entschuldigen möchte.

Vielleicht könnte dieses Büchlein der Anlaß sein, auch in Zukunft Rezepte zu sammeln und auszutauschen.

Viel Erfolg beim zubereiten der Leckereien, Speisen und Getränke

wünscht Ihnen der Autor

Glasuren:

Schokoladenglasur.

200 g Puderzucker, 1 Esslöffel besten Kakao rührt man mit kochendem Wasser an, bis es eine dickflüssige Masse ist, überzieht dann das Backwerk mit dieser Glasur und lässt es in der Wärme trocknen.

Gekochte Schokoladeglasur.

105 g fein geriebene Vanilleschokolade und 210 g Puderzucker wird mit einem knappen ¼ l Wasser angerührt und auf raschem Feuer unter fortwährendem Rühren so lange gekocht, bis sich von der Masse, wenn man ein wenig zwischen die Finger nimmt, ein Faden ziehen lässt. Hierauf nimmt man die Masse vom Feuer, reibt mit dem Kochlöffel an der Seite des Pfännchens einige Male hin und her, wodurch der Zucker ruhig wird und sich oben ein dünnes Häutchen zeigt, lässt die Glasur ein wenig abkühlen und begießt damit das Backwerk.

Schokoladeglasur (mit Kakaobutter)

Zwei Rippen, etwa 125 g gute Vanilleschokolade lässt man am Herd weich werden, rührt sie recht glatt, tut für 20 Pfennig heiß gewordene Kakaobutter, wie man sie in der Drogerie kauft, darunter, fügt noch 100 – 125 g Puderzucker dazu und wenn alles gut verrührt, bestreicht man die Torte oder das Gebäck damit und lässt es am Rohr trocknen.

Spritzglasur.

Bedarf: 1 Eiweiß, 100 g Puderzucker.

Man rührt 100 g Puderzucker mit einem Eiweiß und nach Belieben etwas Arrak oder Zitronensaft so lange, bis die Masse dick und schaumig ist. Dann füllt man sie in eine kleine, aus festem weißen Papier gemachte Tüte, in der man unten eine kleine Öffnung lässt oder, was noch besser ist, man bedient sich einer Glasurspritze und verziert das Backwerk damit.

Kleines Weihnachts- oder Teegebäck.

Anisplätzchen. (Einfachste Art)

Bedarf: 250 g Zucker, 3 Eier, 250 g Mehl, ½ Esslöffel Anis.

Ein halbes Pfund (250 g) gestoßenen oder geriebenen Zucker rührt man mit drei großen Eiern schaumig, fügt ein halbes Pfund (250 g) feines Mehl und ½ Esslöffel Anis dazu und setzt auf ein mit Wachs bestrichenes erkaltetes Backblech kleine Plätzchen, die man über Nacht im Zimmer stehen lässt und am andern Tag bei mäßiger Hitze bäckt.

Anisplätzchen für Kinder

Bedarf: ¼ Pfund (125 g) Zucker, 60 g Mehl, 4 Eier, runden Anis, Zitrone

Von 4 Eiern wird ein sehr fester Schnee geschlagen. Hierauf gibt man in eine Schüssel ¼ Pfund (125 g) sehr feinen trockenen Zucker, vier Eigelb, 60 g feines Mehl, einen Teelöffel voll runden Anis, die abgeriebene Schale einer halben Zitrone und vermengt dies alles schnell mit dem fest geschlagenen Schnee. Nachher belegt man......

Weihnachtsgebäck.

Bedarf: 1 Pfund (500 g) Farinzucker, 8 Eidotter, 1 Pfund (500 g) Mehl, Zitrone, Zimt und Nelkengewürz.

Acht Eidotter werden mit einem Pfund Farinzucker gerührt, dann werden etwas abgeriebene Zitronenschalen, Zimt und Nelken nach Geschmack und ein Pfund Mehl dazu gegeben. Diesen Teig walkt man auf dem Nudelbrett messerrückendick aus, sticht mit Blechformen Sterne etc. aus, lässt sie etwas trocknen und backt sie auf einem mit Wachs bestrichenen Blech.

Marzipan. (Weiß)

Bedarf: 4 Eier, 1 Pfund Zucker, 1 Pfund Mehl, 1 Löffel voll Arrak.

Vier Eier werden mit einem Pfund sehr trockenem feinem Zucker drei viertel Stunden gerührt, dann wird ein Esslöffel voll Arrak daran gerührt, ebenso ein Pfund sehr feines trockenes Mehl und das Ganze auf dem Nudelbrett zu einem nicht zu festen Teige verarbeitet. Wenn das Mehl sehr trocken ist, tut man gut, nicht das ganze Pfund darunter nu mengen, da sonst der Teig zu fest würde. Hierauf lässt man den Teig auf dem Nudelbrett ein bis zwei Stunden zugedeckt ruhen. Stäubt dann etwas Mehl auf das Brett walkt den Teig messerrückendick aus, schneidet ihn in beliebige Stücke drückt sie mit Marzipanformen, welche man vorher mit ganz feinem Zucker ausstäubt, aus, legt die Marzipanstücke auf ein Brett und lässt sie über Nacht stehen. Den anderen Morgen macht man ein Backblech heiß, bestreicht es dünn mit Wachs und wenn das Blech kalt geworden ist, legt man die Stückchen darauf und bäckt sie bei sehr mäßiger Hitze. Der Marzipan muß weiß bleiben und darf nur so lange im Ofen bleiben, bis er aufgestiegen und hart geworden ist. – noch heiß muß er vom Blech abgelöst werden.

Weißes Marzipan (nicht gerührtes)

Bedarf: 580 g Zucker, 580 g Mehl, 4 ganze Eier, 2 Eidotter, Vanille oder Zitrone.
Auf das Nudelbrett gibt man 580 g Zucker ebensoviel feistes Mehl nebst Vanille oder Zitronengeschmack und fügt dann vier ganze Eier und zwei Eidotter bei, arbeitet einen feinen Teig daraus und verfährt wie bei der vorherigen Nummer.

Braunes Marzipan.

Bedarf: 6 Eier, 1 ½ Pfund Farinzucker, 50 g Zitronat, 50 g Orangeat, Mehl, Zimt, Nelkengewürz.
Sechs Eidotter und sechs Esslöffel voll Wasser werden mit eineinhalb Pfund Farinzucker eine Stunde lang gerührt, dann fügt man 100 g Zitronat und Orangeat, beides fein gewiegt, nebst 15 g Zimt und 8 g Nelkengewürz dazu und zuletzt soviel Mehl, unter das man eine Messerspitze pulverisiertes Hirschhornsalz gibt, dass man den Teig auf dem Nudelbrett auswalken kann. Die mit Blech oder Holzformen ausgeformten Stückchen lässt man über Nacht stehen und backt sie andern Tags auf mit Wachs bestrichenem Blech.

Mandelhippen mit Schlagrahm

Bedarf: 230 g Zucker, 4 Eier, 110 g Mehl, 50 g abgezogene Mandeln.

230 g, knapp gewogen, gestoßenen Zucker rührt man mit vier ganzen Eiern 20 Minuten gibt 50 g abgezogene, fein geriebene Mandeln und 110 g Mehl dazu. Auf ein mit Wachs bestrichenes Blech setzt man mit einem Esslöffel große dünne Plätzchen nicht zu nahe aneinander. Man gibt sie ins Rohr und lässt sie hellgelb backen, was nach 10 Minuten der Fall ist. Man löst sie rasch mit einem breiten Messer vom Blech und formt so schnell als möglich kleine Tüten, behält sie einige Augenblicke in der Hand, damit sie die Form behalten, und füllt sie nach dem Erkalten mit geschlagenen Schlagrahm, der mit Zucker und Vanille vermischt ist.

Zimtsterne.

Bedarf: ½ Pfund Mandeln, ½ Pfund Zucker, 4 Eiweiß, Zimt.

Ein halbes Pfund fein gestoßener Zucker wird mit vier Eiweiß, welche zu festem Schnee geschlagen sind, schaumig gerührt. Von dieser Masse werden drei Esslöffel voll zurückbehalten und zum Rest zwei Teelöffel voll gestoßener Zimt gerührt. Unter den übrigen Zucker wird ein halbes Pfund fein gewiegte oder gestoßene unabgezogene Mandeln gemengt. Ein Nudelbrett wird gut mit feinem Zucker bestreut und die Masse darauf gegeben, Zucker wird darauf gestreut, mit dem Nudelwalker halbfingerdick ausgewalkt, Sterne daraus gestochen. Ein heißes Blech wird dünn mit Wachs bestrichen, sobald es kalt geworden die Sterne darauf gelegt, die bei mäßiger Hitze im Rohr gebacken werden. Sind sie fertig, werden sie vom Blech genommen und nachdem sie erkaltet sind, werden sie , mit der zurückbehaltenen Schaummasse oben bestrichen, wieder auf das kalte Blech gelegt und die Glasur bei sehr mäßiger Hitze, im Rohr getrocknet, bis sie hart ist. Dieselbe muß weiß bleiben.

Zimtsterne auf andere Art.
Bedarf: ¼ Pfund Mandeln, ¼ Pfund Zucker, 2 Eiweiß, 10 g Zimt.
Auf ein Nudelbrett gibt man ein viertel Pfund fein gewiegte oder geriebene unabgezogene Mandeln, ferner ein viertel Pfund Zucker, zehn Gramm Zimt, zwei Eiweiß. Dies verarbeitet man zu einem Teig. Dann wird Zucker aufgestreut, der Teig halbfingerdick ausgewalkt und Sterne daraus gestochen. Auf ein mit Wachs dünn bestrichenes Blech gelegt, zwei bis drei Stunden ruhen gelassen, dann bei mäßiger Hitze im Rohr gebacken. (Schön sehen dieselben aus, wenn man jeden davon nach dem Erkalten mit weißer Zuckerglasur überzieht.)

Grießmakronen.
Bedarf: ½ Pfund Zucker, 6 Eier, Zitronenschale, Zitronensaft, ½ Pfund Mandeln.
Ein halbes Pfund Zucker werden mit dem Schnee von sechs Eiern eine halbe Stunde lang gerührt. Hierauf gibt man etwas abgeriebene Zitronenschale, den Saft einer halben Zitrone und ein halbes Pfund in der Mandelmühle gemahlene,

abgezogene Mandeln dazu und bereitet daraus einen Teig. Aus diesem macht man dann kleine Kugeln, etwa in Größe einer welschen Nuß, dreht sie auf einem Nudelbrett in feinem Grieß um, legt sie auf Oblaten und backt sie, nachdem man sie vorher mit Wasser betupft hat.

Frankfurter Brenden.

Bedarf: 1 Pfund Mandeln, Rosenwasser für 10 Pf., 1 Pfund Zucker, 1 Ei, Zimt, 60 g Mehl.

Ein Pfund mit etwas Rosenwasser vermengte fein gestoßene abgezogene Mandeln werden mit einem Pfund fein gestoßenen Zuckers auf schwachem Feuer unter beständigem Rühren so lange geröstet, bis sie sich trocken anfühlen. Hierauf wird die Masse in ein anderes mit Zucker bestreutes Gefäß getan, mit einem Tuch bedeckt und an einem kühlen Orte aufbewahrt. Am folgenden Tage arbeitet man diese Masse auf dem Brett mit einem Eiweiß, etwas Rosenwasser, einigen Messerspitzen voll Zimt und 60 g feinem Mehl glatt, rollt sie zweimesserrückendick aus und drückt sie zuletzt in den mit Mehl bestaubten Holzformen aus. Lasse dann das Gebäck 24 Stunden lang trocken liegen und backe es auf einem heiß mit Wachs bestrichenen und wieder erkalteten Blech.

Braungebackenes.

Bedarf: 560 g Mandeln, 1 Pfund Zucker, 2 Eiweiß, 65 g Mehl, Rosenwasser für 10 Pf.

Man stößt 560 g abgezogene Mandeln mit ungefähr 12 Esslöffeln voll Rosenwasser sehr fein, gibt ein Pfund feinen Zucker dazu und rührt die Masse auf schwachem Feuer so lange, bis sie leicht gelb aussieht und sich trocken anfühlt. Hierauf gibt man sie in ein mit Zucker bestreutes Gefäß, deckt sie mit einem Tuch zu und bewahrt sie bis zum andern Tag auf an einem kühlen Ort. Am folgenden Tag nimmt man die Masse aufs Nudelbrett, arbeitet nebst 65 g Mehl zwei Eiweiß dazu. Ist der Teig recht fein, walkt man ihn zweimesserrückendick aus, schneidet viereckige Stückchen zweifingerbreit, lässt diese 24 Stunden ruhen und backt sie auf einem mit Wachs bestrichenen Blech lichtgelb und bestreicht sie mit dickem Sirup von Puderzucker und Wasser, noch besser ist es wenn man Rosenwasser dazu nimmt.

Hagebuttenmakronen.
Bedarf: 3 Eiweiß, 3/5 Pfund (300g) Zucker, ½ Pfund Mandeln, 3 Esslöffel voll Hagebuttenmark, Oblaten. Drei fünftel Pfund fein gestoßener Zucker wird mit festgeschlagenem Schnee von drei Eiweiß schaumig gerührt und mit einem halben Pfund abgezogenen, in einem Mörser mit einem Eiweiß ganz fein gestoßenen, süßen Mandeln gut durcheinander gemischt. Dann tut man noch drei Esslöffel voll eingekochtes Hüffenmark darunter; zwei Esslöffel voll von der Masse werden noch vorher ohne Hüffenmark beiseite getan. Hierauf werden auf ein mit Oblaten belegtes Blech längliche Makronen gesetzt, in der Mitte länglich eingeschnitten, ein wenig auseinander geteilt, in die Einschnitte von der zurückbehaltenen Zuckermasse ein wenig hineingestrichen und bei mäßiger Hitze im Rohr gebacken. Der Teig zu den Makronen muß eine Stunde stehen, ehe man ihn aufsetzt.

Kastanientörtchen.

Bedarf: ¼ Pfund Butter, ¼ Pfund Zucker, 2 Eier, 1 Pfund Kastanien, 1 Stückchen Vanille.

Ein viertel Pfund Butter wird schaumig gerührt, ein viertel Pfund Zucker, welcher mit einem Stückchen Vanille gestoßen ist, daran gegeben, sowie zwei ganze Eier, zuletzt ein Pfund gesottene, abgeschälte, durch ein Haarsieb passierte Kastanien. Ist alles recht gut mitsammen verrührt worden, werden kleine Blechformen mit Butter ausgestrichen, halbvoll mit Masse eingefüllt, auf ein Backblech gestellt und bei mäßiger Hitze drei viertel Stunden im Rohr gebacken.

Schokoladengebäck.

Bedarf: ½ Pfund Butter, 6 Eier, 190 g Zucker, 1/5 Pfund Mandeln, Wasser, 1/5 Pfund Mehl, 2/5 Pfund Schokolade.

Ein halbes Pfund Butter wird schaumig gerührt. Dazu gibt man sechs Eigelb, 190 g Zucker, ein fünftel Pfund unabgezogene fein gewiegte Mandeln, ein fünftel Pfund feines Mehl, zwei fünftel Pfund mit etwas Wasser aufgelöste Schokolade. Ist alles zusammen gut vermengt, hebt man den festgeschlagenen Schnee von sechs Eiweiß leicht darunter, bestreicht ein Backblech dünn mit Butter, bestreut es leicht mit Mehl, streicht die Masse darauf und bäckt sie drei viertel Stunden im Rohr. Noch warm wird es auf dem Blech in viereckige Stücke geschnitten. Will man die Tafeln gefüllt haben, so bestreicht man ein Stück mit Eingesottenem (Himbeeren, Aprikosen etc. etc.), legt ein leeres Stück darauf und wenn sie alle gefüllt bereit liegen überzieht man sie mit Schokoladenguss.

Schokoladenplätzchen mit Mandeln.

Bedarf: ½ Pfund Zucker, ½ Pfund Mandeln, 5 Eier, 2/5 Pfund Schokolade, Oblaten.

Ein halbes Pfund fein gestoßener Zucker wird mit festgeschlagenem Schnee von fünf Eiweiß eine viertel Stunde gerührt. Von dieser Masse werden zwei bis drei Esslöffel voll hinweggetan, in das Übrige ein halbes Pfund fein gewiegte oder geriebene nicht abgezogene Mandeln sowie zwei fünftel Pfund fein geriebene Vanilleschokolade noch darunter gegeben. Hierauf belegt man ein Backblech mit Oblaten, formt aus dem Teige kleine Klöße und legt sie darauf. Beim Herausdrehen der Klöße ist es gut, die Hand hier und da in kaltes Wasser zu tauchen.

Wenn die Klöße auf dem Blech liegen, macht man in dieselben eine kleine Vertiefung, füllt dieselbe mittels eines Kaffeelöffels mit dem übrig gelassenen Schaum aus und bäckt so das Ganze bei mäß9ger Hitze eine halbe Stunde lang im Rohr. Sind die Klöße fertig, werden sie aus dem Rohr getan, auf dem Blech erkalten gelassen und vorsichtig mit den Oblaten heruntergehoben, die man dann entsprechend abschneiden oder abbrechen kann.

Schokoladenküchlein.

Bedarf: ¼ Pfund Schokolade, ½ Pfund Zucker, 4 Eier, Oblaten.

Ein halbes Pfund feiner Zucker wird mit zwei Eigelb und dem festgeschlagenen Schnee von zwei Eiweiß schaumig gerührt und das Ganze mit noch einem viertel Pfund feingeriebener Schokolade vermischt. Aus dieser Masse setzt man auf ein mit Oblaten belegtes Blech kleine Häufchen und bäckt sie bei sehr mäßiger Hitze im Rohre.

Schokoladenplätzchen.

Bedarf:
¼ Pfund Zucker, 2 Eiweiß, 70 g Schokolade.

Mit festgeschlagenem Schnee von zwei Eiweiß rührt man ein viertel Pfund Zucker schaumig, tut dann 80 g in der Wärme erweichte Schokolade dazu, jetzt davon auf ein mit Wachs bestrichenes Blech kleine Häuflein, bestreut sie mit groß gestoßenem Zucker und bäckt sie bei mäßiger Hitze im Rohr.

Schokoladengebackenes.

Bedarf: 180 g Zucker, 8 g Zimt, ¼ Pfund Mandeln, 60 g Schokolade, 3 Eiweiß, ½ Zitrone.

180 g Zucker, acht g Zimt, ein viertel Pfund mit einem Eiweiß gestoßene Mandeln, 60 g fein geriebene Schokolade, die abgeriebene Schale einer halben Zitrone und zwei Eiweiß verarbeitet man auf einem Nudelbrett, welches man mit Zucker bestreut hat, zu einem Teige, walkt ihn dünn aus nach Bedarf, sticht mit einem Ausstecher beliebige Formen aus, legt diese auf ein mit Wachs

bestrichenes Blech und bäckt sie bei mäßiger Hitze im Rohr.

Schokoladenmuscheln.

Bedarf: 3 Eiweiß, ½ Pfund Zucker, ½ Pfund Mandeln, 70 g Schokolade.

Drei Eiweiß werden zu steifem Schnee geschlagen, welchen man mit einem halben Pfund Zucker schaumig rührt. Hierauf werden ein halbes Pfund fein gewiegte oder geriebene, nicht abgezogene Mandeln und 70 g fein geriebene Schokolade daran gerührt, aus der Masse Kugeln gedreht, die man in feinem Zucker umwendet, in kleine mit feinem Zucker ausgestreute Muschel= oder Kugelhupfformen (aus einer Puppenküche) drückt, sodann wieder heraus stößt und auf ein Brett legt. So fährt man fort, bis die Masse zu Ende ist. Dann lässt man das Ganze über eine Nacht auf dem Brett ruhen.

Kleine weiße Lebkuchen.

Bedarf: 2 Eier, ½ Pfund Zucker, ½ Pfund Mehl, 10 g Zimt, 5 g Nelkengewürz, 50 g Mandeln, 50 g Zitronat oder Orangeat, Zitrone.

Ein halbes Pfund Zucker rührt man mit zwei Eiern eine halbe Stunde, gibt die abgeriebene Schale einer Zitrone, zehn g Zimt, fünf g. Nelkengewürz, 50 g länglich geschnittene, unabgezogene Mandeln, 50 g Zitronat oder Orangeat nebst einem halben Pfund Mehl dazu, arbeitet den Teig durcheinander, rollt ihn gut zwei messerrückendick aus, schneidet längliche kleine Lebkuchen und backt sie auf einem mit Butter bestrichenen Blech und bestreicht sie, wenn fertig, mit dick gekochtem Zuckersirup und lässt sie trocknen.

Kleine weiße Lebkuchen auf andere Art.
Bedarf: 2 eischwer Zucker, ebensoviel Mehl, 1 handvoll Mandeln, 2 Eier, 5 g Zimt, 5 g Nelkengewürz, 15 g Pomeranzenschale, 15 g Zitronat, Oblaten

Zwei eischwer Zucker wird mit zwei Eiern schaumig gerührt, dazu kommen eine handvoll abgeschälte, länglich geschnittene im Ofen getrocknete Mandeln, fünf g Zimt, ebensoviel Nelkengewürz, 15 g fein geschnittene Pomeranzenschale, ebensoviel Zitronat und zwei Eischwer Mehl. Ist alles zusammen recht gut verrührt, belegt man ein Backblech mit Oblaten, streicht den Teig in Form kleiner Lebkuchen darauf, lässt sie drei Stunden ruhen, und bäckt sie dann bei mäßiger Hitze im Rohr.

Elisenlebkuchen.
Bedarf: ½ Pfund Farinzucker, 3 Eier, ½ Pfund Mandeln, 100 g Orangeat, Zitrone, 10 g Zimt, 5 g Nelkengewürz, Oblaten.

Man rührt 250 g Farinzucker mit drei Eiern eine halbe Stunde, gibt 250 g unabgezogene fein gemahlene Mandeln, 100 g fein geschnittenes Orangeat, zehn g Zimt, fünf g Nelken und die abgeriebene Schale einer Zitrone dazu. Ist alles gut gemischt, streicht man den Teig auf rund geschnittene feine Oblaten fingerdick und lässt ihn über Nacht stehen. Am andern Tag werden die Kuchen hellgelb gebacken und mit einem

Zuckerguss: Schnee von einem Eiweiß und 100 g Zucker bestrichen und mit farbigem Streuzucker bestreut. Am besten backt man die Lebkuchen 1 – 2 Wochen vor dem Gebrauch.

Elisenlebkuchen anderer Art.
1 Pfund Farinzucker, 1 Pfund Mandeln, 2 Zitronen, 200 g Zitronat und Orangeat, 15 g Zimt, 5 g Nelken, Muskatblüte, 2 ½ g Ammonium, Oblaten, 5 Eier. Fünf ganze Eier rührt man mit einem Pfund Farinzucker schaumig, dann gibt man die abgeriebene Schale von zwei Zitronen, 15 g Zimt, fünf g Nelken, etwas Muskatblüte, zweieinhalb g Ammonium, 100 g Zitronat, 100 g Orangeat und ein Pfund ungeschälte geriebene Mandeln dazu. Wenn das geschehen, setzt man auf Oblaten runde Lebkuchen, backt sie bei mäßiger Hitze und bestreicht sie hierauf mit Zuckerglasur wie oben oder mit Schokoladenguss.

Elisen- Lebkuchen auf dritte Art.
Bedarf: ½ Pfund Zucker, 172 Pfund süße und 35 g bittere Mandeln, 60 g Zitronat, 60 g Pomeranzenschale, 5 g Zimt, 3 g Kardamomen, etwas Zitronensaft, 4 Eiweiß.
Vier Eiweiß werden zu festem Schnee geschlagen, ein halbes Pfund Zucker damit schaumig gerührt, dann ein halbes Pfund süße unabgeschälte Mandeln, 35 g bittere fein geriebene Mandeln, 60 g Pomeranzenschale, ebensoviel Zitronat fein geschnitten, fünf g Nelkengewürz, fünf g Zimt, drei g Kardamomen, und etwas Zitronensaft darunter gerührt. Oblaten werden etwa acht bis zehn

Zentimeter im Durchmesser rund ausgeschnitten, die Masse kleinfingerdick darauf gestrichen, auf ein Blech gelegt, zwei Stunden ruhen gelassen und dann bei mäß9ger Hitze gebacken. Nach dem Erkalten werden sie mit weißer Glace überzogen.

Muskazonen (kleine Lebkuchen).
Bedarf: ½ Pfund Zucker, ½ Pfund Mandeln, 8 g gestoßener Zimt, 8 g Nelkengewürz, 30 g Zitronat, 30 g Pomeranzenschale, 2 Eier.
Ein halbes Pfund feiner Zucker wird mit einem ganzen Ei und einem Eiweiß eine viertel Stunde gerührt, dann ein halbe Pfund fein geriebene oder gewiegte, unabgezogene Mandeln acht Gramm gestoßener Zimt, acht g Nelkengewürz, 40 g Zitronat, ebensoviel fein geschnittene Pomeranzenschale darunter gemischt. Ein Nudelbrett wird mit Mehl bestäubt, die Masse darauf gegeben, halbfingerdick ausgewalkt und kleine Lebkuchen daraus geschnitten. Ein Backblech wird mit Oblaten belegt, die Lebkuchen darauf gesetzt und bei mäßiger Hitze gebacken. Sind sie fertig, wird der Rand von den Oblaten außen herum abgeschnitten. Man kann die Lebkuchen auch mit einer weißen Zuckerglasur verzieren, was denselben ein schönes Ansehen gibt.

Muskazonen auf andere Art.
Bedarf: ¼ Pfund Zucker, ¼ Pfund Mandeln, 35 g Mehl, 3 – 4 Eigelb, Nelken und Zimt.
Man macht auf dem Nudelbrett einen Teig aus: einem viertel Pfund Zucker, einem viertel Pfund unabgeschälten geriebenen Mandeln, einem

Teelöffel voll Zimt, halb soviel Nelkengewürz, 35 g
Mehl, drei bis vier Eigelb und der von einer halben
Zitrone abgeriebenen Schale, verarbeitet ihn gut,
rollt ihn aus und sticht mit einem runden Ausstecher
Plätzchen aus, legt sie auf ein mit Wachs
bestrichenes Blech und bäckt sie bei mäßiger Hitze
im Rohr.

Kleine braune Honiglebkuchen.
Bedarf: ¼ l Honig, ¼ Pfund Zucker, 2 Löffel voll
Arrak, 5 g Zimt, 5 g Nelkengewürz, ½ l Kornmehl,
Zitrone.
Ein viertel Liter Honig lässt man kochend werden
dazu rührt man ein viertel Pfund Zucker, zwei Löffel
voll Arrak, fünf g Nelken, fünf g Zimt, die von einer
halben Zitrone abgeriebene Schale und soviel
Kornmehl (ungefähr einen halben Liter), bis es ein
ganz dicker Teig ist. Hierauf streut man Mehl auf ein
Nudelbrett, gibt den Teig darauf, wenn nötig knetet
man noch Mehl hinein und arbeitet den Teig recht
fein ab. Dann lässt man ihn zwei bis drei Stunden
zugedeckt ruhen, walkt den Teig dünn aus, sticht
ihn mit Blechformen aus und lässt ihn über Nacht
ruhen. Am anderen Tage bäckt man ihn auf einem
mit Wachs bestrichenen Blech bei mäßiger Hitze im
Rohr, lässt die Kuchen ein wenig kalt werden und
nimmt sie dann vom Blech.
Am Anfang sind sie sehr hart, nach einigen Tagen
werden sie weich und sind dann sehr gut.

sezt der in Vanillzucker gewälzt und zucker

... daß sie ganz damit bedeckt sind.

Gewürzblätzln.

... Feingezucker 2 ... Mehl 8 Eier 2 Eßlöffel Honig
1 Messerspitz Hirschen, 5 ... Zimt 5 ... Nelken 2 Löffel
... 50 gr Zitronat, werden zu einem Teig verarbeitet
... denselben kleine Laibchen geformt und
... gesetzt u. gleich gebacken.

Zwieback.

4 Eier ½ ... Zucker werden ½ ... ...
... Vanillzucker ¼ Zitrone ...
Mehl als der Teig ... daraus ...
2 Stollen gebacken ½ ... ... werden
... Stückchen.

Obstkuchen.

... Mehl 80 gr Butter 3 Eßlöffel Zucker 3 ...
... verarbeitet ...

Rezepte, jeweils mit der original Seite

Gewürzplätzchen:
2 Pfund Farinzucker (Zuckermehl), 2 Pfund Mehl, 8
Eier, 2 Esslöffel Honig, 1 Messerspitze Natron, für 5
Pfennig Zimt für 5 Pfennig Nelken, 2 Löffel Arrak, 50
g Zitronat werden zu einem Teig verarbeitet. Aus
demselben kleine Laibchen geformt, weit
auseinander gesetzt und gleich gebacken.

Zwieback
4 Eier, ½ Pfund Zucker werden eine halbe Stunde
schaumig gerührt; 10 Pfennig Vanillezucker, ein
viertel Zitrone, so viel Mehl als der Teig annimmt,
daraus werden zwei Stollen gebacken für eine
halbe Stunde. Man schneidet daraus dünne
Stückchen

Obstkuchen
Halb Pfund Mehl, 80 g Butter, drei Esslöffel Zucker,
drei Esslöffel Milch, ½ Päckchen Backpulver und
ein Ei werden zu einem Teig verarbeitet,
ausgewalkt und das Obst …

Schwarzbrotpudding

100 gr. geriebnes Schwarzbrot 60 gr. Zucker, 50 gr. Sultaninen u.
Rosinen 25 gr. Mandeln ½ Zitronenschale etwas Zimt u.
Halben Eßlöffel Rahm 1 Eßlöffel Brumt 4 Eier, Butter
u. Rahmöll zur Form. Eigelb, Zucker u. Zitronenschale
werden schaumig gerührt, dann die geriebnen Mandeln
das feingeschnittene Zitronat, Zimt Halten die gewurzten
Rosinen u. Rosinen u. das in Brock u. Rum ange=
weichte Schwarzbrot zugegeben, dann rührt man den
steifen Schnee darunter, füllt den Pudding in
... Form 1 St. im Wasserbad u. gibt Wein
... dazu.   sehr gut.

Gesundheitskuchen.

Butter ½ Zucker 3-4 Eigelb wird schaumig gerührt,
... ½ Zitrone. dann gibt man
... u. ⅛ Liter Milch
... das ganze gut gerührt, u.
... den Schnee. ... Zucker u.
... 1 St. ... bei ...

Schwarzbrotpudding:

100 g geriebenes Schwarzbrot, 60 g Zucker, 50 g
Sultaninen und Weinbeeren, 25 g Mandeln, halbe
Zitronenschale, etwas Zimt und Nelken. Ein
Tässchen Rotwein, ein Esslöffel Arrak. 4 Eier,
Butter und (Weizen?)-mehl zur Form, Eigelb,
Zucker und Zitronenschale werden schaumig
gerührt dann die geriebenen Mandeln, das fein
geschnittene Zitronat, Zimt, Nelken, die gereinigten
Rosinen und Weinbeeren und das in Arrak und
Wein angefeuchtete Schwarzbrot zugegeben, dann
mischt man den steifen Eischnee darunter, kocht
den Pudding in vorbereiteter Form eine Stunde im
Wasserbad und gibt Wein und Arrak (Chantre?)
dazu.   **/sehr gut**

Gesundheitskuchen

Butter, ¼ Pfund Zucker, drei bis vier Eidotter wird
schaumig gerührt,
.... und Schale einer halben Zitrone. Dann
gibt man Mehl, ein Päckchen Backpulver und 1/8 l
Milch darunter und wird das ganze gut gerührt ....
Dann hebt man den Ei- Schaum darunter. Eine
Stunde, anfangs bei mäßiger Hitze.

Kriegskuchen.

1 ℔ Mehl ½ ℔ Zucker ½ Ltr. Milch 1 Ei.

1 Messerspitze Nelken 1 Kartoffel Zimt, Zitronenschale, Zitronat, Orangeat, Weinbeeren in Teilnummern
nach Belieben, zuletzt 1 Päckchen Backpulver.

~~Napfkuchen~~

1 ℔ Mehl 100 gr Butter 100 g Zucker 2 Eier
6 Eßl. Milch 1 Päckchen Backpulver.

Englisch Biskuit.

2 ℔ Mehl 1 ℔ Zucker ½ ℔ Butter 4–5 Eier
etwas Milch Zimm 4–6 Messerspitze Nelken
dann .... für ...... eine Einwärung

Ausstechen

1 ℔ Zucker wird mit 5–6 Eiern schaumig
gerührt dann ½ ℔ Mehl .... darunter
.... 1 Messerspitze Zimm ....
....

Kriegskuchen:
1 Pfund Mehl, ½ Pfund Zucker, ½ l Milch, ein Ei,
eine Messerspitze Nelken, ein Kaffeelöffel Zimt,
Zitronenschale, Zitronat, Orangeat, Weinbeeren und
Sultaninen nach Belieben, zuletzt ein Päckchen
Backpulver.

Apfelkuchen:
1 Pfund Mehl, 100 g Butter, 100 g Zucker, 2 Eier, 6
Löffel Milch, ein Päckchen Backpulver,

Englisches Biskuit:
2 Pfund Mehl, 1 Pfund Zucker, ¼ Pfund Butter 4 – 5
Eier, etwas Milch, Zitrone, 4 – 6 Messerspitzen
Natron, dann Formen ausstechen so dick wie
Butterteig.

Anislaibchen:
1 Pfund Zucker wird mit 5 – 6 Eier schaumig
gerührt, dann ein Pfund Mehl, Anis nach Belieben,
eine Messerspitz Ammonium, ein Blech fest mit
Wachs einreiben und darauf kleine Häufchen
setzen und am nächsten Tag backen.

Marzipan

1 Pfd. Zucker mit 5 Eiern schaumig rühren
1 Pfd. schöner Mehl u. 2 Eßlöffel Arak od. Rum
zu einem festen Teig verarbeitet 2-3 Std.
ruhen lassen, dann ausrollen u. backen
[...] gut einen Tag [...] gutgehenem [...]
über Nacht stehen bleiben u. dann erst gebacken
werden.

Dampfnudel

400 g. Mehl [...] dartzugeben, und
gut vermischt, dann 5-6 Eßlöffel [...] Zucker
schaumig [...] u. 4 Eier u. [...]
zu einem festen Teig vermischt, daraus
kleine Kugel [...] geformt. Die
[...] 1 [...] 1/4 Std. [...]
[...] sie hinein geben,
1/4 [...] über [...]
[...] sehr sehr [...]
[...]

Marzipan:
1 Pfund Zucker mit 5 Eiern schaumig rühren, 1
Pfund schönes Mehl und zwei Esslöffel Arrak oder
Rum zu einem festen Teig abgearbeitet, zwei bis
drei Stunden ruhen lassen, dann ausstechen und
backen. Es ist gut wenn die ausgestochenen
Plätzchen über Nacht stehen bleiben und dann erst
gebacken werden.

Dampfnudeln:
400 g Mehl, 2 Päckchen Backpulver wird gut
vermischt, dann 5 – 6 Esslöffel voll Zucker
schaumig gerührt und 4 Eier und etwas Butter zu
einem festen Teig gemacht, daraus kleine Kugeln
wie ein Taubenei geformt in einen Tiegel (Topf) mit
etwas Butter und ein viertel Liter Milch welche
etwas warm ist, hineingetan. In ¼ Stunde selbe
fertig. Vanillesoße oder Früchte sind sehr gut dazu,
reicht für 6 Personen.

Speckeihkeus ...

300 gr. ... werden ...
u. 400 gr. Mehl darunter gemischt u. 2 ...
u. 5 gr. ... Der Teig wird ausgewellt
u. Formen ausgestochen mit Eiweiß bestreichen
u. Mandeln bestreut.

Baumstamm.

6 Eier, 200 g Zucker, 200 g Mehl, 1 ..., ½ ... Eingemachtes oder Schokoladebittergam, und 200 g Butter und 20 g Schokolade.

Zubereitung: Die ganzen Eier mit Zucker u. Zitronenschale sehr gut schaumig schlagen. Mehl mit ... hineingeben Masse ... auf gut befettetes Blech geben ... heißem Holz backen (4–5) Minuten. Vom Blech nehmen, ... mit Zucker bestreutes Blech geben, mit Creme oder Eingemachtem bestreichen; rollen dann mit Creme ...

...

6 Eier, 6 Eßlöffel Zucker, 12 Eßlöffel ...

... Butter mit halb schaumig rühren ...

Spekulatius:
200 g Butter vermischt mit 200 g Zucker etwas Salz
werden gerührt und 400 g Mehl darunter gemischt
und zwei Eidotter und 5 g Backpulver. Der Teig wird
ausgewalkt und Formen ausgestochen mit Eiweiß
bestrichen und mit Mandeln bestreut.

Baumstamm:
6 Eier, 200 g Zucker, 200 g Mehl, ein Backpulver,
zur Füllung Eingemachtes oder Schokoladencreme,
aus 200 g Butter und 20 g Schokolade.
Zubereitung: Die ganzen Eier mit Zucker und
Zitronenschale sehr gut schaumig schlagen. Mehl
mit Backpulver hineingeben. Masse auf ein gut
befettetes Blech geben in guter Hitze backen (4 – 5
Minuten). Vom Blech nehmen, stürzen auf ein mit
Zucker bestreutes Blech geben, mit Creme oder
Eingemachtem bestreichen, rollen dann mit Creme
spritzen und verzieren.

Weinpunn:
Zutaten: 6 Eier, 6 Esslöffel Zucker, 12 Esslöffel
Schwarzbrotbrösel, Zimt und Nelken.
Zubereitung: Zucker mit Eigelb schaumig rühren,
Zimt und

Halten dazu, zuletzt den Löffeln, ... mit Butter & ...
... zubereiten, Masse hineingeben dann in ...
... machen Kuchen mit Zucker bestreuen, mit Mandel
... & mit heißem Rot-Wein begießen.

Die schwimmende Insel.

Zutaten: 6 ganze Eier, 210 g Zucker, Zitronenschale,
Zimmt & Halten werden schaumig geschlagen, dann ...
gibt man 210 g Schwarzbrot & fügt ... ein ganzes Stückchen hinein
dann gibt man die Masse in gut bestätigte ... ... Schüssel
... dann backen, dann ... man 1 Sauce von ¼ l
Wein, ⅛ l Arrak & gießt dieses sanft darüber möchte schwimmen.

Haferkuchen.

4 Eier, ¼ ... Butter, ½ ... Zucker, 55 g Mehl ¼ l ...
Milch, 4 g Backpulver, etwas Zitronenschale 60 g Zucker.
Zubereitung: Unter das schaumig gerührte Butter gibt man Zucker
Eigelb & rührt & dies ½ Stunde lang. Alsdann mengt man
nach & nach Mehl mit Backpulver, Milch & Gewürz herunter
... & zieht zuletzt den Schnee unter die Masse, die ...
wird in 2 Teile geteilt & wird ...
... Kuchen gerührt. In einer gut zubereiteten Form ...

Nelken dazu, zuletzt den Eischnee in Form mit Butter und Semmelbrösel gut vorbereiten. Masse hineingeben, dann im Rohr backen und mit Zucker bestreuen, mit Mandeln spicken und mit heißem Rotwein begießen.

Die schwimmende Insel:
Zutaten: 6 ganze Eier, 210 g Zucker, Zitronenschale, Zimt und Nelken werden schaumig geschlagen, dann menge man 210 g geriebenes Schwarzbrot und fast ein ganzes Backpulver hinein, dann gibt man die Masse in eine gut befettete Form und lässt selbe dann backen, dann macht man eine Soße von ¼ Liter Wein, 1/8 Liter Arrak und gieße dieses heiß darüber, muß schwimmen.

Marmorkuchen:
4 Eier, ¼ Pfund Butter, ein halb Pfund Zucker, 550 g Mehl, ¼ Liter lauwarme Milch, 40 g Backpulver, etwas Zitronenschale, 60 Gramm Kakao.
Zubereitung: Unter die schaumig gerührte Butter gibt man Zucker, Eigelb und rührt dies eine halbe Stunde Alsdann mengt man nach und nach Mehl mit Backpulver, Milch und Gewürz darunter und zieht rasch den Eischnee unter die Masse, die fertige Teigmasse wird in zwei Teile geteilt und unter die eine Hälfte der Kakao gerührt. In eine gut vorbereitete Form läßt man

beide Zugmaßen einlassen u. zwar so, daß beilweise unter
einander fließen. Der Kuchen kommt nachdem Einfüllen in
die mäßig heiße Röhre u. hat 1 Std. Backzeit. Kuchen Stürzen
mit Staubzucke bestreuen. Gesamtinhalt 2½ l.

Pfannkuchenpudding.

(zwierg.) Zutaten:

3 Eier, 1 dl Mehl, Salz, ½ l Milch, 80 g
Butter zum Ausbacken zum Übergießen ¼ l Milch, 4 Eier
80 g Zucker, 80 g Weinbeeren, die Pfannkuchen mit 1
Ente backen, auskühlen lassen, in feine Streifen schneiden
diese mit Milch satt vorquellen, die dl Streifen mit We-
beeren in die Form schichten, mit der Eiermilch übergießen, 1½ Std im kochenden Wasserbad Stehen zu lassen.
Zugabe: Fruchtsaft.

Schokoladengrießflammeri.

Zutaten: ¾ l Milch, 100 g Grieß, 100 g Zucker, 100 g Schoko-
lata.

Zubereitung: Milch wird mit Schokolade u. Zucker zum Sie-
den, u. jetzt in die kochende Milch den Grieß anstreuen,
u. klar kochen lassen. kein Eier mit ......

beide Teigmassen einlaufen und zwar so, daß teilweise nebeneinander herlaufen. Der Kuchen kommt nach dem Einfüllen in das mäßig heiße Rohr und hat eine Stunde Backzeit. Nach dem Stürzen mit Staubzucker bestreuen. Forminhalt 2 ½ Liter.

Pfannkuchenpudding:
Zutaten: 3 Eier, 1 Pfund Mehl, Salz, ½ Liter Milch, 80 g Butter, zum ausbacken, zum übergießen ½ Liter Milch, 4 Eier, 80 g Zucker, 80 g Weinbeeren, die Pfannkuchen auf einer Seite backen, auskühlen lassen, in feine Streifen schneiden, Eier mit Milch verquirlen, die Streifen mit Weinbeeren in die Form schichten, mit der Eiermilch übergießen, 1 ½ Stunden in kochendem Wasserbad kochen lassen, Zugabe: Früchtesoße

Schokoladengrießflammeri (Süßspeise):
Zutaten: ¾ Liter Milch, 100 g Grieß, 100 g Zucker, 100 g Schokolade.
Zubereitung: Milch wird mit Schokolade und Zucker zum Kochen aufgesetzt, in die kochende Milch den Grieß einstreuen. Masse 10 bis 15 Minuten kochen lassen. Eine Form mit kalten

Wasser ... , Masse ... ...

Vanillekeks.

100 g Butter werden schaumig gerührt, dazu gibt man nach u. nach
3 Eier, 200 g Zucker, 1 Pck. Vanillezucker, 5 Eßlöffel dicken
sauren Rahm u. zuletzt 1½ ℔ Mehl mit 1 Pck. Backpulver.
... Der Teig wird ... ausgewellt, be-
liebig ausgestochen u. auf ein bestrichenes Blech gelegt u. bei
guter Hitze gebacken.

Teekleibchen.

1 ℔ Mehl, 100 g Salz, 200 g Zucker, 2 Eier, Milch ...
2 Pck. Backpulver.

Man verarbeite die Masse zu einem festen Teig, wellen
man ... u. steche runde Plätzchen aus, man bestreiche halbe
mit Eigelb u. setzt in die Mitte etwas Gelee darauf. Die
Plätzchen werden ... ...
setzt.

Wiener Kartoffelspeise.

Kartoffel werden geschält in Scheiben geschnitten ...
... , gut gewaschen in Scheiben geschnitten. ...

Wasser ausschwenken, Masse hineingeben nachdem erkalten stürzen.

Vanillekeks:
100 g Butter werden schaumig gerührt, dazu gibt man nach und nach drei Eier, 300 g Zucker, ein Paket Vanillezucker, 5 Esslöffel dicken saueren Rahm und zuletzt 1 ½ Pfund Mehl mit 1 Paket Backpulver. Der Teig wird messerrückendick ausgewalkt, beliebig ausgestochen und auf ein bestrichenes Blech gelegt und bei guter Hitze gebacken.

Teelaibchen:
1 Pfund Mehl, 100 g Fett, 200 g Zucker, 2 Eier, Milch, Zitrone, 2 Pakete Backpulver. Man vermenge die Masse zu einem festen Teig. Walze man aus und steche runde Plätzchen aus. Man bestreicht selbe mit Eigelb und setzt in die Mitte etwas (gelben?) darauf. Die Plätzchen werden auf dem Blech ziemlich weit auseinandergesetzt.

Wienerkartoffelspeise:
Kartoffel werden gekocht, in Scheiben geschnitten, in Fett geröstet, gut gewürzt in Scheiben geschnitten ………...

darunter ... mit ... ... über-
... ... lassen. (Man kann ...
zur ... ... hinein ...)

Bispuitt Torte.

... ... 4 ... ... zu ... ...
70 g ... ... 70 g ... ... Zucker
1/2 ... ...
... ...
... ...
... ...

Semel Puding

200 g Butter 20 g Zucker 8 ... zu ...
... 10 ... ...
... ...
... ...
... ...

Eier darunter heben mit reichlich sauerem Rahm übergießen und noch etwas abrösten lassen. (Man kann auch zur Verbesserung geräuchertes Fleisch hineinschnitzeln)

Biskuit Torte:
2 ganze Eier, 4 Eigelb, das weiße zum Schnee schlagen, 70 g Weizenmehl 70 g Kartoffelmehl, ½ Pfund Zucker, ½ Päckchen Backpulver, Kakao und Puderzucker zum Guss. Wenn die Torte ausgekühlt ist, durchschneidet und durchtränkt man mit Wein und füllt mit Buttercreme oder Eingemachtem.

Semmelpudding:
200 g Butter, 200 g Zucker, 8 Eier zum Schneeschlagen, 10 abgeriebene eingeweichte große Semmeln, Mandeln, das Ganze von einer abgeriebenen Zitronenschale. Die Form mit Butter bestreichen, Semmelbrösel bestreuen, 1 ½ Stunden im Wasserbad kochen

Anis-Schnitten

½ ℔ Zucker wird mit 4 Eiern schaumig gerührt,
dann ½ ℔ feines Mehl u. 4 Eßlöffel Anis darunter
gemengt, auf längliche Hollen gemacht u. ¾ St.
gebacken, doch warm schneiden

Bäckbirne Vanilleb?

½ ℔ Zucker ½ kg Vanille, 5 Eier 300 g Mehl
...? zu Schnee geschlagen ... wie oben

Bäckbirne ... Wein

½ ℔ Butter ½ ℔ Zucker ½ ℔ Mehl 3 Eier
der ... ... auf ...
... ... mit Wasser ... ... mit
Zucker ... . Wo ... ...
... ...

Roderkuchen.
500 gr. Mehl, ein Päckchen Backin
200 g. Butter, 200 g Zucker, ein Achtel...

Anis- Schnitten:
½ Pfund Zucker wird mit 4 Eiern schaumig gerührt,
dann ½ Pfund feines Mehl und 1 Esslöffel Anis
darunter gemengt, ein länglicher Stollen gemacht
und ¾ Stunde gebacken. Noch warm schneiden.

Kufsteiner Vanillebrot:
½ Pfund Zucker, ½ Stange Vanille, 5 Eier, 300 g
Mehl.
Eiweiß zu Schnee schlagen. Sonst wie oben.

Butterschnitten:
¼ Pfund Butter, ¼ Pfund Zucker, ¼ Pfund Mehl, 3
Eier.
Der Teig wird fingerdick auf das Blech gestrichen,
mit Wasser bespritzt und mit Zucker bestreut, wenn
er fertig ist schneidet man gleich Schnitten daraus.

Rodonkuchen:
500 g Mehl, ein Päckchen Backin, 200 g Butter, 200
g Zucker, ein achtel

bis ein ¼ Liter Milch, 5 Eier, 150 g Rosinen,
150 g Korinthen, etwas Vanillin-Zucker,
Salz nach Geschmack. Die Butter rührt
man schaumig, gibt Zucker, Vanillin-
Zucker, Eigelb, Mehl, dieses mit dem
Backin gemischt Milch hinzu u. zuletzt
die Rosinen, Korinthen, Salz u. den
Eierschnee. füllt die Masse in die
gefettete Form u. bäckt den Kuchen
1 bis 1½ Stunden

bis ein viertel Liter Milch, 5 Eier, 150 g Rosinen, 150 g Korinthen, etwas Vanillinzucker, Salz nach Geschmack.

Die Butter rührt man schaumig, gibt Zucker, Vanillinzucker, Eigelb, Mehl – dieses mit Backin gemischt, Milch hinzu und zuletzt die Rosinen und Korinthen, Salz und den Eischnee. Man füllt die Masse in die gefettete Form und bäckt den Kuchen ein bis eineinhalb Stunden.

Schwarzbeerschnaps.

Die Schwarzbeeren bleiben 4 Tage stehen
dann werden sie zerdrückt, dann bleiben
sie wieder 2 Tage stehen, dann werden
sie durch 1 Tuch gedrückt gedrückt, dann
bleibt der Saft über Nacht stehen. Am
andern Tag schöpft man den Saft ab
Kocht ihn mit Zucker Zimt u. Nelken
auf 2 Ltr Saft 1 ℔ Zucker u. ½ Ltr
Weingeist, die aber erst dann darunter gegossen
wird, wenn der Saft kalt ist.

Himbeersaft.

Die Beeren werden zerdrückt u.
bleiben 8 Tage stehen man schütte aber
etwas Wasser daran, nach 8 Tagen
entfernt man die oben Haut,
u. drücke den Saft durch 1 Tuch, dann
wird der Saft gekocht ½ Std. 1 ℔ Saft
1 ℔ Zucker.

Schwarzbeerschnaps:
Die Schwarzbeeren bleiben 4 Tage stehen, dann
werden sie durch ein Tuch gedrückt, dann bleibt der
Saft über Nacht stehen. Am anderen Tag schöpft
man den Saft ab, kocht ihn mit Zucker, Zimt und
Nelken auf 2 Liter Saft, 1 Pfund Zucker und ½ Liter
Weingeist, der aber erst dann daran gegossen wird,
wenn der Saft kalt ist.

Himbeersaft:
Die Beeren werden zerdrückt und bleiben 8 Tage
stehen, man schütte aber etwas Wasser daran.
Nach 8 Tagen entferne man die obere Haut und
drücke den Saft durch ein Tuch. Dann wird der Saft
gekocht ½ Stunde. 1 Pfund Saft, 1 Pfund Zucker.

Nussgeist:

Man nimmt die Nüsse ab, wenn sie in gutem Saft sind und der Kern noch ganz weich ist und schneidet sie in kleine Stückchen. Auf 1 Liter Weingeist nimmt man 20 Stück Nüsse, 10 ganze Nelken, etwas ganzen Zimt und einige Pomeranzen und Zitronenschalen, stellt das Ganze ungefähr 40 Tage an die Sonne und schüttelt alle 2 – 3 Tage die Flaschen. Dann gießt man durch ein Tuch und die zurückgebliebenen Nüsse tüchtig ausgepresst und dazu gegeben. Auf 1 Liter gibt man noch 1 Pfund Zucker, den man mit 1 Schoppen Wasser kocht und kalt an den Weingeist schüttet.

Kartoffelhörnchen

Aus 500 g gekochten Kartoffeln reiben, 250 g
Mehl 200 g Zucker 1 Eßlöffel Margarine
1 Ei macht man einen Teig u. läßt ihn
eine Zeit lang kalt stehen. Darnach bleistift
stark ausrollen in spitze Dreiecke schneiden
u. mit Marmelade füllen, dann werden
sie mit Milch bestrichen u. bei Mittelhitze
schön hellbraun gebacken u. mit Puderzucker
bestreut.

Essig Keks

¼ ℔ Butter
200 gr. Zucker
360 gr. Mehl
320 gr. Kartoffelmehl
2 Eier
6 bis 8 Löffel Rahm
2 Eßlöffel Essig
1 Backpulver
1 Vanilzucker

billig u. gut.

Kartoffelhörnchen:
Aus 500 g gekochten Kartoffeln gerieben, 250 g
Mehl, 200 g Zucker, 1 Esslöffel Margarine, 1 Ei
macht man einen Teig und läßt ihn eine zeitlang kalt
stehen. Dann Bleistift stark ausrollen in spitze
Dreiecke schneiden und mit Marmelade füllen.
Dann werden sie mit Milch bestrichen und bei
Mittelhitze schön hellbraun gebacken und mit
Puderzucker bestreut.

Essig Keks
¼ Pfund Butter, 200 g Zucker, 360 g Mehl, 320 g
Kartoffelmehl, 2 Eier, 6 – 8 Löffel Rahm, 2 Esslöffel
Essig, 1 Backpulver, 1 Vanillezucker. Billig und gut.

Erdäpfl

60 g Butter 1 Ei ⅓ ℔ Puderzucker ⅓ ℔ Grieß
Butter Ei u. Zucker schaumig rühren dann
Grieß, schön fertig in Zimt drehen, Mit
Bittermandel od. Mandelöl. Nicht backen.

Quarkkuchen

Zutaten: 4 Eier
    ½ ℔ Butter
    300 gr. Zucker
    1 Päckchen Vanillezucker
    1 „ Backpulver
    1 Esslöffel Kartoffelmehl
    1 „ Weizenmehl
    2 ℔ Quark
fest rühren bis alles ganz glatt ist.
Korinthen } sofern man hat.
Mandeln }

Erdäpfl:
60 g Butter, 1 Ei, ½ Pfund Puderzucker, ½ Pfund
Grieß.
Butter, Ei und Zucker schaumig rühren, dann Grieß
wenn fertig in Zimt drehen. Mit Bittermandel oder
Mandelöl. Nicht backen.

Quarkkuchen.
Zutaten: 4 Eier, ¼ Pfund Butter, 300 g Zucker, 1
Päckchen Vanillezucker, 1 Päckchen Backpulver, 1
Esslöffel Kartoffelmehl, 1 Esslöffel Weizenmehl, 2
Pfund Quark.
Fest rühren bis alles ganz glatt ist. Korinthen und
Mandeln sofern man hat.

Haferflocken Plätzchen.

250 gr Haferflocken 250 g Mehl 200 g Zucker 200 g Butter
1 Päckchen Backpulver, Vanillzucker 2 Eier. Butter schaumig
rühren, Zucker Eier u. Haferflocken u. Mehl dazugeben u.
kleine Häufchen aufs Blech setzen.

Pralinen

250 gr. Butter   Die Butter zerschmelzen u. die Haferflo-
125 gr. Zucker   cken anrösten darin. Hernach
250 gr. Haferflocken   Zucker u. Kakao dazugeben. Mit einem
Kl ... Kakao   Teelöffel herausstechen u. auf Perga-
1 El. Rum   mentpapier legen.

Sirupplätzchen

1 ... Mehl   Zimt, Nelken, Ammonium u. schwarzen
... Zucker   Kaffeesud.
... Sirup.

Haferflocken Plätzchen:

250 g Haferflocken, 250 g Mehl, 200 g Zucker, 200 g Butter, 1 Päckchen Backpulver, Vanillezucker, 2 Eier.
Butter schaumig rühren, Zucker Eier und Haferflocken und Mehl dazugeben und kleine Häufchen aufs Blech setzen.

Pralinen:

250 g Butter,, 125 g Zucker, 250 g Haferflocken, ¼ Pfund Kakao, 1 Flasche Rum
Die Butter zerschmelzen und die Haferflocken anrösten lassen. Hernach Zucker und Kakao dazugeben. Mit einem Teelöffel herausstechen und auf Pergamentpapier legen.

Sirupplätzchen

1 Pfund Mehl, ¼ Pfund Zucker, ¼ Pfund Sirup Zimt, Nelken, Ammonium und schwarzen Kaffeesud.

Kaffeekuchen

½ ℔ Mehl, 150 g Zucker, 40 g Fett, 1 Ei, ½ Päckch.
Backpulver, ⅛ l Kaffeegewürze

Griesplätzchen

1 Tasse Zucker, 1 Tasse Mehl, 1 Ei 2 Tassen Gries
2 - 3 Eßlöffel Wasser, Hirschhornsalz (Messer
spitze) billig u. gut.

Himbeersaft, nicht gekocht, roh.

2 ℔ Himbeeren kommen in 2 l Wasser. Da
zu schüttet man 45 gr. Weinsteinsäure und
läßt alles 1 Tag in einer Schüssel stehen.
Hierauf wird es durch ein Tuch gepreßt.
An den Saft kommen an je 1 Liter 1½ ℔
Zucker u. läßt das unter öfterem rühren nochmals 1 Tag stehen. Der Saft ist fertig, wird in Flaschen gefüllt aber nicht
zugekorkt, sondern mit Fleckchen umbunden. Der Saft wird nicht gekocht.

Kaffeekuchen.
½ Pfund Mehl, 150 g Zucker, 40 g Fett, 1 Ei, ½
Päckchen Backpulver, 1/8 Liter Kaffeegewürze

Grießplätzchen.
1 Tasse Zucker, 1 Tasse Mehl, 1 Ei, 2 Tassen
Gries, 2 – 3 Esslöffel Wasser, Hirschhornsalz
(Messerspitze); billig und gut

Himbeersaft, nicht gekocht – roh.
2 Pfund Himbeeren kommen in 2 l Wasser. Dazu
schüttet man 45 g Weinsteinsäure und lässt alles 1
Tag in einer Schüssel stehen. Hierauf wird es durch
ein Tuch gepresst. An den Saft kommen an je 1
Liter 2 ½ Pfund Zucker und lässt das unter öfterem
rühren nochmals 1 Tag stehen. Der Saft ist fertig,
wird in Flaschen gefüllt aber nicht zugekorkt,
sondern mit Fleckchen umbunden. Der Saft wird
nicht gekocht.

Johannisbeer-Gelee.
1 ℔ Saft 1 ℔ Zucker, den Zucker heiß
machen, den Saft hinzugeben, etwa 10 Min.
kochen oder nicht so lange, dann Schaum
nehmen, 10 Min. in Gläser füllen.

Grießplätzchen
1 ℔ Grieß, 200 g Zucker, 90 g Fett, 1 Ei,
½ Backpulver, Kuchenaroma.
(Kleine Häufchen aufs Blech setzen.)

Lebkuchen
1 l Milch, 1 ℔ Zucker, 3-4 Std. kochen, ganz
dick. 3 Eier, 200 g Butter, 1 Pck Backpulver,
Hirschhornsalz, auf Oblatten setzen. Mehl
nach Belieben.

Johannisbeer- Gelee.

1 Pfund Saft, 1 Pfund Zucker, den Zucker heiß machen, den Saft hinzugeben, etwa 10 Minuten kochen, oder nicht solange, vom Feuer nehmen, 10 Minuten in Gläser füllen.

Grießplätzchen

1 Pfund Grieß, 200 g Zucker, 90 g Fett, 1 Ei, ½ Backpulver, Kuchenaroma. (Kleine Häufchen aufs Blech setzen.)

Lebkuchen:

1 l Milch, 1 Pfund Zucker, 3 – 4 Stunden kochen, ganz dick, 3 Eier, 200 g Butter, Nuß, Backpulver, Hirschhornsalz, auf Oblaten setzen. Mehl nach Belieben.

Biskuitrolle.

__Teig__: 2 Eier, 3 Eßlöffel Wasser, 100 g Zucker, 1 Päckchen Vanillinzucker, 90 g Weizenmehl, 1 Päckchen Sahnepulver Vanille-Geschmack, 3 g Backin. __Füllung__: 250 g Marmelade. Zum Bestäuben: Etwas Puderzucker.

Man schlägt das Eigelb mit dem Wasser schaumig u. gibt nach u. nach ⅔ des Zuckers mit dem Van. Zucker dazu. Danach schlägt man solange bis eine kremartige Masse entstanden ist. Das Eiweiß wird zu steifen Schnee geschlagen. Dann gibt man unter ständigem Schlagen nach u. nach den Rest des Zuckers dazu. Der Schnee muß so fest sein, daß ein Schnitt mit dem Messer sichtbar bleibt. Er wird auf den Eigelbkrem gegeben. Darüber wird das mit Sahnepulver u. Backin gemischten Mehl gesiebt. Man zieht alles vorsichtig unter den Eigelbkrem gegeben. Der Teig wird etwa 1 cm dick, auf ein gefettetes, mit Papier belegtes Backblech gestrichen. Damit er an der offenen Seite des Bleches nicht auslaufen kann, knifft man das Papier vor dem Teig zur Falte, daß ein Rand entsteht. Backzeit: 12 Min. bei starker Hitze.

Biskuitrolle.

Teig: 2 Eier, 3 Esslöffel Wasser, 100 g Zucker, 1 Päckchen Vanillinzucker, 90 g Weizenmehl, 1 Päckchen Soßenpulver Vanillegeschmack, 3 g Backin.
Füllung: 250 g Marmelade.
Zum Bestäuben: Etwas Puderzucker.
Man schlägt das Eigelb mit dem Wasser schaumig und gibt nach und nach 2/3 des Zuckers mit dem Vanillezucker dazu. Danach schlägt man solange bis eine cremeartige Masse entstanden ist. Das Eiweiß wird zu steifem Schnee geschlagen. Dann gibt man unter ständigem Schlagen nach und nach den Rest des Zuckers dazu. Der Schnee muß so fest sein, dass ein Schnitt mit dem Messer sichtbar bleibt. Er wird auf die Eigelbcreme gegeben. Darüber wird das mit Soßenpulver und Backin gemischte Mehl gesiebt. Man zieht alles vorsichtig unter die Eigelbcreme. Der Teig wird etwa 1 cm dick auf ein gefettetes, mit Papier belegtes Backblech gestrichen. Damit er an der offenen Seite des Bleches nicht auslaufen kann, knifft man das Papier vor dem Teig zu einer Falte, dass ein Rand entsteht.
Backzeit: 12 Minuten bei starker Hitze.

Feines Konfekt. Zutaten: 50g Puderzucker
30g Margarine, 50g Kakaomischp.
Alle Zutaten werden in Wasserbad
erhitzt. Man darf sie nicht zu
flüssig werden lassen, sondern
nur gerade so, daß eine knetbare
Masse entsteht. Daraus formt
man kleine Pralinen, in die man
möglichst etwas selbsthergestellte
Fruchtpaste, ein Stück Nuß od.
einen Pinienkern einrollt. Die
Menge ergibt fast 125g. tadelloses
wohlschmeckendes Konfekt.

Falsche Kokosflocken. Zutaten: ½ Eßlöffel Margarine 1½ Eßlöffel
dunkles Puddingpulver (wie Karamel
Schockolade), eine Tasse Zucker, 2-
2½ Eßlöffel Wasser 1 Tasse Haferflocken. Das Fett wird zerlassen.

Kleine Naschereien! Feines Konfekt.

Zutaten: 50 g Puderzucker, 30 g Margarine, 50 g Kakaomischpulver. Alle Zutaten werden in Wasserbad erhitzt. Man darf sie nicht zu flüssig werden lassen, sondern nur gerade so, dass eine knetbare Masse entsteht. Daraus formt man kleine Pralinen, in die man möglichst etwas selbsthergestellte Fruchtpaste, ein Stück Nuß oder einen Pinienkern einrollt. Die Menge ergibt fast 125 g tadelloses wohlschmeckendes Konfekt.

Falsche Kokosflocken:

Zutaten: ½ Esslöffel Margarine, 1 ½ Esslöffel dunkles Puddingpulver (wie Karamell- Schokolade), eine Tasse Zucker, 2 – 2 ½ Esslöffel Wasser, 1 Tasse Haferflocken. Das Fett wird zerlassen,

Puddingpulver, Zucker u. Wasser
verrührt man zu einem glatten
Brei den man zum Fett gibt u.
aufkochen läßt. Dann fügt man
die Haferflocken hinzu u. kocht die
Masse solange, bis sie dick wird.
Von der noch heißen Masse, setzt
man mit 2 Teelöffeln kleine Häufchen auf einen Teller od. ein Holzbrett. Vollständig erkaltet lassen
sie sich mühelos ablösen.

Quarkstollen Teig: 800g Weizenmehl
9 g Backin 100 g Zucker ½-1 Päckchen Vanille-Zucker, etwas Salz
½ Fläschchen Rumaroma, 2 Fläs-
chen Buckaroma Zitrono, 2 Tropf.
Back-aroma Bittermandel 1 Ei
1 Eßlöffel Milch 50g Butter
125g Quark. Nach Belieben 50g
Rosinen, getrocknetes Mi....ob.

Puddingpulver, Zucker und Wasser verrührt man zu einem glatten Brei, den man zum Fett gibt und aufkochen lässt. Dann fügt man die Haferflocken hinzu und kocht die Masse solange bis sie dick wird. Von der noch heißen Masse, setzt man mit 2 Teelöffeln kleine Häufchen auf einen Teller oder ein Holzbrett. Vollständig erkaltet, lassen sie sich mühelos ablösen.

Quarkstollen Teig:

300 g Weizenmehl, 9 g Backin, 100 g Zucker, ½ - 1 Päckchen Vanille-Zucker, etwas Salz, ½ Fläschchen Rumaroma, ½ Fläschchen Backaroma Zitrone, 2 Tropfen Backaroma Bittermandel, 1 Ei, 1 Esslöffel Milch, 50 g Butter, 125 g Quark. Nach Belieben 50 g Rosinen, getrocknetes Mischobst

oder Mandeln (Haselnußkerne)
Zum Bestreichen: Etwas zerlassene
Butter.
Zum Bestäuben etwas Puderzucker
Backzeit etwa 50 Minuten bei
zu schwacher Mittelhitze. Sogleich
nach dem Backen bestreicht man
das Gebäck mit zerlassenem
Butter, bestäubt es mit Puderzucker. Gebäckgewicht: Et etwa
650g.

Falsche Marzipantorte. Tig. 2 ...
bier, 6 Eßlöffel Zucker Wasser 1/2 ℔ Zucker
1 Päckch. Vom Zucker 175 g Weizen...
1/2 Päckch. Puddingpulver u. 9 g
Backin. Füllung 1. 2-3 Eßlöffel
gehäufte rote Marmelade, Fülle 2.
Kartoffelmarzipan. 200 g unges.
gek. Kartoffel 1/2 ℔ Zucker 1 Päckch.
Vanille-Zucker 7-12 Tropfen

oder Mandeln (Haselnusskerne).
Zum bestreichen: Etwas zerlassene Butter.
Zum bestäuben: etwas Puderzucker.
Backzeit etwa 50 Minuten bei schwacher Mittelhitze.
Sogleich nach dem Backen bestreicht man das
Gebäck mit zerlassenem Fett und bestäubt es mit
Puderzucker. Gebäckgewicht: etwa 650 g

Falsche Marzipantorte:

Teig: 2 mittelgroße Eier, 6 Esslöffel Wasser, ½
Pfund Zucker, 1 Päckchen Vanillezucker, 175 g
Weizenmehl, ½ Päckchen Puddingpulver und ggf.
Backin

Füllung I: 2 – 3 Esslöffel gehäufte rote Marmelade,
Fülle II: Kartoffelmarzipan: 200 g ungeschälte
gekochte Kartoffel, ½ Pfund Zucker, 1 Päckchen
Vanillezucker, 7 – 12 Tropfen

Bittermandelöl. Füllung 3.
Creme ½ Päckch. ... Puddingp.
¼ l Apfelsaft od. Wein 1-2 ge...
häufte Eßl. Zucker nach Belieb...
etwas Zitronensaft.
Zum Verzieren; 50g Haselfr. 25 g
Margarine. Für das Marzipan
werden die Kartoffeln nochma...
durchgepreßt dann mit Zucker
u. Vanille-Zucker verrührt u. m...
Aroma abgeschmeckt. Für die Crem...
wird das Puddingpulver mit 3
Eßl. von der ... flüssigk. angerü...

Bittermandelöl.
Füllung III: Creme ½ Päckchen Puddingpulver, ¼ l
Apfelsaft oder Wein, 1 – 2 gehäufte Esslöffel
Zucker, nach Belieben etwas Zitronensaft.

Zum Verzieren: 50 g Haferflocken, 25 g Margarine.
Für das Marzipan werden die Kartoffel zweimal
durchgepresst dann mit Zucker und Vanille- Zucker
verrührt und mit Aroma abgeschmeckt.

Für die Creme wird das Puddingpulver mit 3
Esslöffel von der Flüssigkeit angerührt.

Falsches Marzipan

½ ℔ Grieß, ½ ℔ Puderzucker, 3 Eßl. Milch, 1 Eßl. Fett, Bittermandelöl. -Butter schaumig r...

Kartoffelmarzipan

½ ℔ Zucker, 2 Eßl. Wasser, ½ ℔ gekochte geriebene Kartoffel, Bittermandelöl
Zucker & Wasser kochen etz.

~~Sirup Plätzchen~~ Englisch Keks.

1 ℔ Mehl, 80 g Fett, 1 ganzes Ei, 1 Dotter, ¾ ℔ Zucker, 10 g Hirschhorn, ⅛ l Milch.

Sirup Plätzchen

400 g Sirup, 1 Eßl. - ¼ ℔ Fett, 1-2 Eier, Mehl soviel es annimmt, Backpulver, Zimt und Nelken, 4-6 Eßl. Milch.

Teegebäck od. Keks.

Zutaten: 500 g Weizenmehl, ~~½ Päckchen Backin~~,
75 g Zucker, 1 Päckchen Vanillinzucker,
2 Eier, 5 Eßlöffel Wasser, 175 g Butter

Falsches Marzipan

½ Pfund Grieß, ½ Pfund Puderzucker, 3 Esslöffel Milch, 1 Esslöffel Fett, Bittermandelöl, Butter schaumig rühren

Kartoffelmarzipan:

1 Pfund Zucker, 2 Esslöffel Wasser, ½ Pfund gekochte geriebene Kartoffel, Bittermandelöl, Zucker und Wasser kochen etc.

Englisch Keks

1 Pfund Mehl, 80 g Fett, 1 ganzes Ei, 1 Dotter, ¼ Pfund Zucker, 10 g Hirschhornsalz, 1/8 l Milch.

Sirup- Plätzchen

400 g Sirup, 1 Esslöffel – ¼ Pfund Fett, 1 – 2 Eier, Mehl soviel es annimmt, Backpulver, Zimt und Nelken, 4 – 6 Esslöffel Milch.

Teegebäck oder Keks

Zutaten: 500 g Weizenmehl, ½ Päckchen Backin, 75 g Zucker, 1 Päckchen Vanillinzucker, 2 Eier, 5 Esslöffel Wasser, 175 g Butter

Waschkorbgebäck (200 Stück)

Zutaten: 100 g Butter, 2 Eier, 3 tt Zucker, ¼ l süßen Rahm,
1½ tt Mehl, 1 Päckchen Vanillin, 5 g Hirschhornsalz, zum Bestreichen: 1 Eigelb.

falsche Makronentorte

Zutaten: 150 g Mehl, 150 g tags zuvor gekochte
geriebene Kartoffeln, 10 g Fett, 45 g Zucker,
wenn man hat ein halbes Ei, 4-5 Eßlöffel
Milch, ½ P. Backpulver, locker verarbeiten, in gefettete Springform legen

Makronenfülle: 30-40 g zerlassene Butter, 100 g
Zucker, 100 g grob gehackte Haferflocken,
einige Tropfen Mandelöl (Zitronenaroma)
gut vermischen, 3-4 Eßlöffel kochende
Milch darübergießen, untereinander
mengen u. auf den Teig streichen.

Waschkorbgebäck (200 Stück)

Zutaten: 100 g Butter, 2 Eier, ½ Pfund Zucker, ½ l
süßen Rahm, 1 ½ Pfund Mehl, 1 Päckchen Vanillin,
5 g Hirschhornsalz, zum Bestreichen 1 Eigelb.

Falsche Makronentorte

150 g Mehl, 150 g tags zuvor gekochte geriebene
Kartoffeln, 10 g Fett, 45 g Zucker, wenn man hat:
ein halbes Ei, 4 – 5 Esslöffel Milch, ½ P.
Backpulver, locker verarbeiten, in gefettete
Springform legen, Makronenfülle: 30 – 40 g
zerlassene Butter, 100 g Zucker, 100 g gehackte
Haferflocken, einige Tropfen Mandelöl
(Zitronenaroma) gut vermischen, 3 - 4 Esslöffel
kochende Milch dazugießen, untereinandermengen
und auf den Teig streichen.

Punschtorte

8 Eier getrennt,   ⅛ l Fruchtsaft
200 g Zucker   3 Eßl. Arrak
100 g Weizenmehl   Zucker nach Gesch.
100 g Stärkemehl   2. Füllen:
½ Zitronenschale   Marmelade
1 Teelöffel Backpulv.   Punschglasur
Butter u. Mehl zur Form   v. ½ H P. Zucker
Zum Tränken:
Saft von 1 Zitrone
Eiweiß zu sehr steifen Schnee schlagen, die
Hälfte des Zuck. unterschl. verquirltes Eigelb
gesiebtes Mehl, den Rest des Zuckers unterheben,
in gefettete u. bemehlte Tortenform geben. Bei
mittelhitze 1 Std. backen.

Punschtorte:

8 Eier getrennt, 200 g Zucker, 100 g Weizenmehl,
100 g Stärkemehl, ½ Zitronenschale, 1 Teelöffel
Backpulver, Butter und Mehl zur Form
Zum Tränken: Saft von 1 Zitrone, 1/8 l Fruchtsaft, 3
Esslöffel Arrak, Zucker nach Geschmack,
zum Füllen: Marmelade, Punschglasur von ½ Pfund
Puder- Zucker
Eiweiß zu sehr steifem Schnee schlagen, die Hälfte
des Zuckers unterschlagen, verquirltes Eigelb,
gesiebtes Mehl, den Rest des Zuckers unterheben,
in gefettete und bemehlte Tortenform geben. Bei
Mittelhitze 1 Stunde backen.

z. Teig **Buttercrèmtorte**

3 Eier	z. Creme
150 g ~~Zucker~~	⅜ l Milch
100 g W. Mehl	100 g Zucker
100 g Gustin	1 Päckchen Pudding Vanille
1 Eßl. Zitronensaft u. Schale	175 g ~~Zucker~~ Butter
2 Päckchen Backin	50 g ~~Kokosfett~~ 1 Teelöffel
3-4 Eßl. Wasser	Zur Verz. 25 g Mandeln

Eigelb, Zucker u. Wasser werden m. dem Schnee
zu einer schaumigen, cremartigen Masse
geschlagen. Dann fügt man Zitronensaft u.
raft hinzu u. schlägt das Ganze nochmal
gut durch. Zum Schluß gibt man das
gesiebte und gem. Mehl mit Backin u.
den steif geschlagenen Schnee. Der fertige
Teig wird in eine Springform gefüllt
deren Boden gefettet u. mit einem Papierfutter ausgelegt ist. Bei Mittelhitze
30-40 Min gebacken

Buttercremetorte

Zum Teig: 3 Eier, 150 g Zucker, 100 g Weizen Mehl, 100 g Gustin, 1 Esslöffel Zitronensaft und Schale von ½ Zitrone, ½ Päckchen Backin, 3 – 4 Esslöffel Wasser
Zur Creme: ½ l Milch, 100 g Zucker, 1 Päckchen Vanille- Pudding, 175 g Butter, 50 g Kokosfett,
Zur Verzierung: 1 Teelöffel Zucker, 1 Messerspitze Butter, 25 g Mandeln
Eigelb, Zucker und Wasser werden mit dem Schneebesen zu einer schaumigen cremeartigen Masse geschlagen. Dann fügt man Zitronenschale und –saft hinzu und schlägt das Ganze noch mal gut durch. Zum Schluß unterhebt man das gesiebte und gemischte Mehl mit Backin und den steif geschlagenen Schnee.

Der fertige Teig wird in eine Springform gefüllt. Deren Boden gefettet und innen mit Papierfutter ausgelegt ist. Bei Mittelhitze 30 – 40 Minuten gebacken.

Honig - Lebkuchen
3 ℔ Mehl, 2 Eier, 300 g Zucker, 20 g Hirschhornsalz
3 Backpulver

Lebkuchen v. Magda

1½ ℔ Mehl
175 g. Zitronat
½ Fläschchen Zitronenöl
4 Löffel Milch
150 g Butter o. Margarine
4 Eier
½ ℔ Hefe
¾ ℔ Schmalz
Zimt u. Nelken
1 ℔ Zucker
1 Backpulver

Zimtsterne
2 ℔ Mehl 1 ℔ Butter 1 ℔ Zucker
3 Eier, Zimt.
Teig ..... ausbraten .....
mit Zuckerglasur bestreichen (wenn gebacken)

Honig- Lebkuchen

3 Pfund Mehl, 2 Eier, 300 g Zucker, 20 g
Hirschhornsalz, 3 Backpulver

Lebkuchen von Magda

1 ½ Pfund Mehl, 175 g. Zitronat, ½ Fläschchen, 4
Löffel Milch, 150 g Butter oder Margarine, 4 Eier, ½
Pfund Nüsse, ¼ Muskatnuss, Zimt und Nelken, 1
Pfund Zucker, 1 Backpulver.

Zimtstern

2 Pfund Mehl, 1 Pfund Butter, 1 Pfund Zucker, 3
Eier, Zimt
Teig abkneten, auswalken, ausstechen mit
Zuckerglasur bestreichen wenn gebacken.

Stollen

8 # Mehl	3 ½ # Butt
1 ½ # Zucker	400 g Hefe
3 # Rosinen	abger. von 3 Zi-
1 # Mandel	tronen
1 # Zitronat	Salz
knapp 3 l Milch	

Stollen:

8 Pfund Mehl, 1 ½ Pfund Zucker, 3 Pfund Rosinen, 1 Pfund Mandel, 1 Pfund Zitronat, 3 ½ Pfund Fett (davon die Hälfte aus Butter, ein viertel aus Rinderfett und ein viertel aus Schweinefett), 400 g Hefe, Abgeriebenes von 3 Zitronen, Salz, knapp 2 l Milch.

Stollen (o. Kümmel)

15 ℔ Mehl, 50-60 g Hefe, 2 ℔ Zucker, etwas Süßstoff, 4 ℔
Butter, 14 Eier, davon 7 ganze, 7 Eidotter, 1 ℔
Vanillinzucker, Mandelöl, Rum, Milch, Salz, gibt
9 Stollen, Zitrone, Orangeat u. Zitronat nach Belieben.
Sultaninen

Weihnachts Stollen

Nehme 10 ℔ Mehl, 50 g Hefe, 2 ℔ Zucker, 1½ ℔ Sulta-
ninen, je 300 g Zitronat u. Orangeat, 1 abgeriebene
Zitrone, Mak, Mandel nach Belieben, Salz, 2½ ℔
Butter, 12 Eier, 6 ganze, 6 Dotter u. Milch, davon
einen festen Teig machen, wenn der Teig durch
Butter weich ist etwas Mehl zugeben. (Gibt 6 Stck)

- 82 -

Stollen von Kummert

15 Pfund Mehl, 50 – 60 g Hefe, 2 Pfund Zucker, etwas Süßstoff, 4 Pfund Butter, 14 Eier, davon 7 ganze, 7 Eidotter, 1 Esslöffel Vanillinzucker, Mandelöl, Rum, Milch, Salz gibt 9 Stollen. Zitrone, Orangeat und Zitronat nach Belieben, Sultaninen

Weihnachtsstollen

Nehme 10 Pfund Mehl, für 50 Pfennig Hefe, 2 Pfund Zucker, 1 ½ Pfund Sultaninen, je 300 g Zitronat und Orangeat, 1 abgeriebene Zitrone, Arrak, Mandel nach Belieben (halbes Pfund), Salz, 2 ½ Pfund Butter, 12 Eier, 6 ganze, 6 Dotter und Milch, davon einen festen Teig machen, wenn der Teig durch Butter weich ist etwas Mehl zugeben. (Gibt 6 Stück)

Lebkuchen.
1½ # Mehl, 1½ P. Backpulver,
1 # Zucker, 4 Eier, 150 g Fett,
½ # Mandel, 4 Eßl. Milch,
3 Tcl. Zimt, 1 Tcl. Nelken, ½ Muskatnuß
175 g Zitronat, ½ fl. Zitronenaroma.

~~————————~~

Kokosflocken.
150g Butter wird schaumig gerührt

3.64
1.80
―――――
1.84

Lebkuchen:

1 ½ Pfund Mehl, 1 ½ Päckchen Backpulver, 1 Pfund Zucker, 4 Eier, 150 g Fett, ½ Pfund Mandel, 4 Esslöffel Milch, 3 Teelöffel Zimt, 1 Teelöffel Nelken, ½ Muskatnuss, 175 g Zitronat, ½ Fläschchen Zitronenaroma.

Schlehenwein: 5 tt Schlehen, 5 l Wasser, 2 tt Zucker
einige Nelken, 1 Päckchen Einmachhilfe. Die Schlehen von
den Stielen befreien, waschen, mit 5 l kochenden Wasser
übergießen, nach 5 Tg. abziehen, nochmals kochend
übergießen, nach einigen Tagen abziehen u. Nelken
dazugeben, lasse alles 1 Std. kochen, nach dem erkalten
sei den Saft durch ein Tuch, rühre Einmachhilfe
kalt ab u. kalt darunter geben, fülle ihn in Flaschen

Makronen (Kokosflocken)
150 g Butter wird schaumig gerührt,
3 ganze Eier, ¾ H Zucker alles zusammen ½ Std. rühren dann 3 Epl.
Milch, 1 H Kokosflocken u. 1 Päckch.
Vanille. den Teig etwas stehen lassen
auf kl. Oblaten Häufchen setzen.
Blech mit Wachs abreiben.

Schlehenwein:

5 Pfund Schlehen, 5 l Wasser, 2 Pfund Zucker, einige Nelken, 1 Päckchen Einmachhilfe. Die Schlehen von den Stielen befreien, waschen, mit 5 l kochendem Wasser übergießen, nach 5 Tagen abseihen, nochmals kochend übergießen, nach einigen Tagen abseihen und Nelken dazugeben, lasse alles 1 Stunde kochen, nach dem erkalten seihe den Saft durch ein Tuch. Rühre Einmachhilfe kalt ab und kalt darunter geben, fülle ihn in Flaschen.

Makronen (Kokosflocken)

150 g Butter wird schaumig gerührt, 3 ganze Eier, ¾ Pfund Zucker, alles zusammen ¼ Stunde rühren, dann 3 Esslöffel Milch, 1 Pfund Kokosflocken und 1 Päckchen Vanille, den Teig etwas stehen lassen auf kleine Oblaten Häufchen setzen, Blech mit Wachs abreiben.

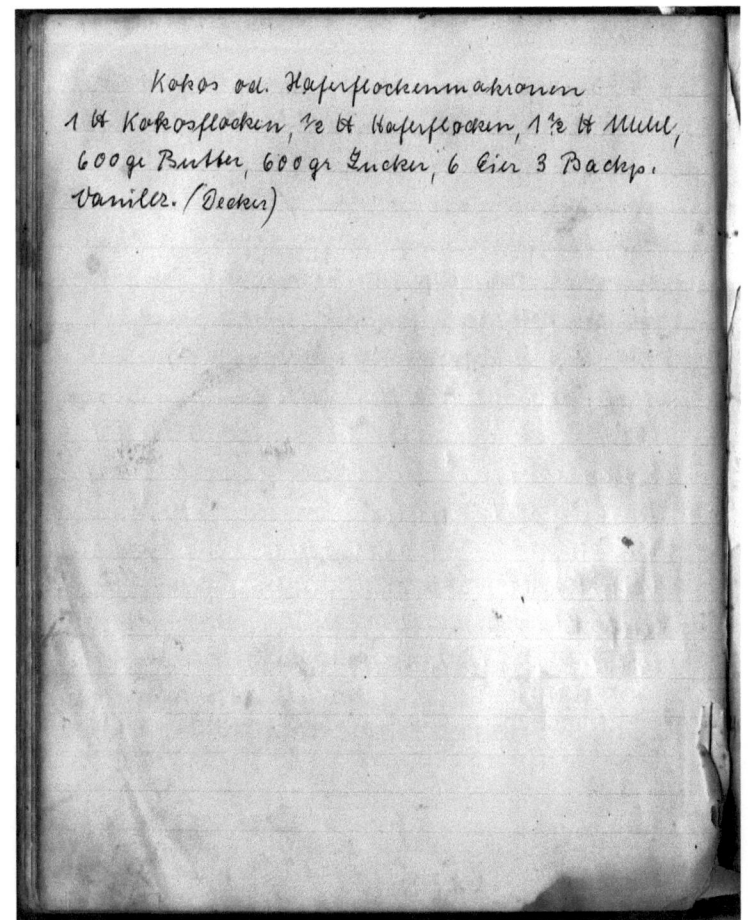

Kokos od. Haferflockenmakronen
1 H Kokosflocken, ½ H Haferflocken, 1½ H Mehl,
600 gr Butter, 600 gr Zucker, 6 Eier 3 Backp.
Vanille. (Decker)

Kokos- oder Haferflockenmakronen

1 Pfund Kokosflocken, ½ Pfund Haferflocken, 1 ½ Pfund Mehl, 600 g Butter, 600 g Zucker, 6 Eier, 3 Backpulver, Vanillezucker (Decker)

Hagebuttenwein

6 Pfd Hagebutten gewaschen
6 Liter Wasser
6 Pfd Zucker   6 Wochen zugedeckt werden lassen
soll bis April stehen bleiben

Hagebuttenwein:

6 Liter Hagebutten zerschneiden

6 Liter Wasser

6 Pfund Zucker

6 Wochen geschüttelt werden, soll bis April stehen bleiben

Michl Ochner Küng...

Würzburg

Randbemerkungen:

Michl Büchner Weingroßhandel, bestellt 18.2.1916
Süßen Rotwein von 90 Pfennig bis 1,10 DM

Auf Empfehlung des Herrn Gutsbesitzers...

Himbeersaft zum bereiten von Frau Beer:

Auf ein Liter Saft 1 Pfund Zucker

Johannisbeerwein zubereiten:

16 Liter Saft, 22 Pfund Zucker und 10 Liter Wasser
aufgelöst.

Lesen... nachdenken... schmunzeln

Gedichte und Erzählungen
auch in Mundart
von
Johann Spörrer

Johann Spörrer, Dichter und Erfinder aus der
nördlichen Oberpfalz ist Autor der beiden Bücher:

„Lesen, nachdenken, schmunzeln"

Band 1 und 2

Begebenheiten aus dem Alltagsleben standen Pate
für seine Erzählungen und Gedichte.

Von besinnlich, nachdenklich bis lustig aber auch
frivol sind hier viele Geschichten aufgeschrieben.

Auch die Oberpfälzer Mundart ist hier zu Papier
gebracht, um nicht in Vergessenheit zu geraten.

Zu beziehen sind die Bücher über den Buchhandel
oder direkt beim Autor.

Johann Spörrer
Poststraße 2
95704 Pullenreuth
Tel: 09234-98146

email:

spoerrer@t-online.de
www.dichten-und-erfinden.de

Friedrich Eschenbacher

Ohne Raum und Zeit

oder

Das siderische Pendel

Erschienen bei BoD
Herstellung und Verlag:
Books on Demand GmbH
ISBN: 978-3-8370-8753-6
Norderstedt 2009

Einweihung in eine alte Kunst
Wecken Sie alte Instinkte und machen Sie
Ergebnisse mit dem Pendel sichtbar.

Titelbild auf Buch: „Ohne Raum & Zeit" eine Skulptur vom
Oberpfälzer Künstler Willi Hausknecht / Pressath
Erhältlich im guten Buchhandel oder unter Fax 09645/91341

Friedrich Eschenbacher

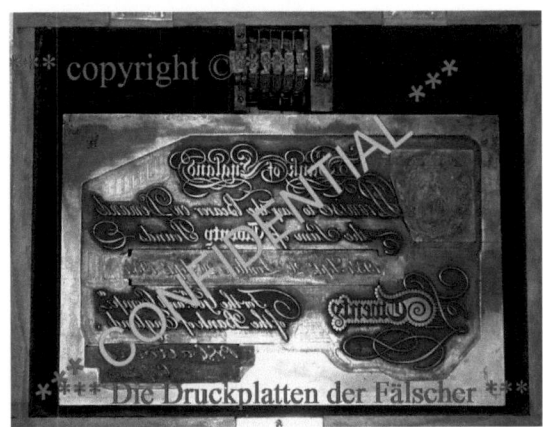

Tücken des Schicksals

Über die sagenumwobenen

Druckplatten
der Fälscher

und andere Geschichten

Erstausgabe 2009 VV-ESB
Fax 09645/91341
Herstellung und Verlag:
Books on Demand GmbH
ISBN: 978-3-8370-5219-0
Norderstedt 2009

Friedrich Eschenbacher

Der Arzt
und der Spieler

Überarbeitete Neuausgabe
Zweite Auflage Copyright © VV-ESB
Fax 09545/91341

Erscheint demnächst
Näheres unter www.esba.de

Friedrich Eschenbacher

Die Jagd nach der Elfenbeinkugel

Ein Roulette Handbuch mit Satzordnungen
des Berufsspielers Karl Neumann

Friedrich Eschenbacher
Erstausgabe 2009 Copyright © VV-ESB
Fax 09645/91341
Erscheint demnächst
Näheres unter www.esba.de